한풀이와 신명놀이

한풀이와 신명놀이
정인관 시집

초판 인쇄 | 2012년 10월 05일
초판 발행 | 2012년 10월 10일

지은이 | 정인관
펴낸이 | 신현운
펴는곳 | 연인M&B
기 획 | 여인화
디자인 | 이희정
마케팅 | 박한동
등 록 | 2000년 3월 7일 제2-3037호
주 소 | 143-874 서울특별시 광진구 자양로 56(자양동 680-25) 2층
전 화 | (02)455-3987 팩스 | (02)3437-5975
홈주소 | www.yeoninmb.co.kr
이메일 | yeonin7@hanmail.net

값 8,000원

ISBN 978-89-6253-119-0 03810

정인관 시집

한풀이와 신명놀이

잊·혀·져·가·는·우·리·것·들

노스탤지어라는 의식 속에서 우리 민족들의 가슴에 깊이 전래되어 온 샤머니즘의 신앙이 밖으로 표출되는 것이 바로 '한(恨)풀이와 신명놀이' 가 곧 인간의 생사고락(生死苦樂)의 바탕에서 삶을 이루워 왔던 것이다.

연인M&B

| 시인의 말 |

신명과 한풀이 놀이마당

문학은 인간의 삶 모두를 표현 대상으로 하여 살아가면서 현재는 낯설고 과거는 친숙하다고 믿기 때문에 과거를 지향하는 쪽이 항상 현실보다 먼저 앞서 간다고 본다.

문학을 창조한다는 것, 그것은 삶의 원초적인 생각이 집중되어 표출되는 상징물로, 인간의 심리적인 바탕에 담겨진 과거를 향한 그리움이라 본다.

오직 회귀불가(回歸不可)라는 과거의 공간이기 때문에 어린 시절에 할머니의 치맛자락을 잡고 다니면서 구경했던, 우리의 것, 한국적인 것, 내 것에 대한 싹이 움터 뿌리가 조금씩 내려서 실제보다 아름다움으로 부풀려서 잊혀져 가는 우리 것들을 미화시켜 보았다.

노스탤지어라는 의식 속에서 우리 민족들의 가슴에 깊이 전래되어 온 샤머니즘의 신앙이 밖으로 표출되는 것이 바로 '한(恨)풀이와 신명놀이'가 곧 인간의 생사고락(生死苦樂)의 바탕에서 삶을 이루어 왔던 것이다.

때로는 성황당 수호신께 기원도 해 보고, 대보름날 달집을 태우며 흥에 겨워 신명나게 놀아도 보고, 탈 속에서 땡중이 되어 한(恨)스러운 눈물도 보이고, 고추 당초같이 맵다던 시집살이에 하소연도 해 보고, 애랑이의 사랑에 빠져 패가망신도 당해 보고, 베틀노래 한타령과 우랑(牛囊)만 먹고 거만 떠는 양반네들의 행태와 화초장 욕심에 놀부의 구성진 노랫가락들이 우리네 민족의 농가(農家) 생활(生活) 속의 무사태평과 안녕을 기원하며 과거의 흔적을 오늘에 끌어올려 새롭게 조명하면서 앞으로의 새로운 창작 문학의 전래를 조금이나마 이어 보고자 작은 목소리를 내어 보았다.

대대손손 흙을 묻혀 살아오신 우리 부모님의 한(恨)과 신명나는 놀이와 농로 생활고로, 그리고 9남매를 길러 장성시켜 이제는 가정을 만들어 한(恨)과 신명과 뜨거운 눈물을 알게 해 주신 은덕을, 이 책 속에 그려 드리고자 외람되이 효(孝)라는 글자를 새기면서, 이 글을 읽어 주신 독자분들께 고마운 인사를 드리는 바이다.

미진한 글을 별책으로 엮어야 작품성의 가치를 느낄 수 있다고 권장하면서 출간해 주신 연인M&B 신현운 대표께 따스한 손을 내밀고 싶다.

물레시인 샘골

| 차례 |

1장 | 인생 고사 오신제(五神祭)

구름 따라 향불 피우고 _ 14

성황당에 수호신을 모시고 _ 16

풍어제 울리는 뱃고동 소리 _ 17

당집에 제(祭) 드리우고 _ 18

사방신 마음 달래고 _ 19

2장 | 한가위 열두 놀이마당

부럼 깨기 _ 22

네 더위 내 더위 맞 더위 _ 23

귀밝이술 _ 24

쥐불놀이 _ 25

다리밟기 놀이 _ 26

개구리 알 먹기 _ 27

달집태우기 _ 28

수릿날 놀이 _ 29

화전놀이 _ 30

냉절날 _ 31

3장 | 판소리 열두 마당

암행어사 출두요 _ 34

공양미 삼백 석에 _ 35

화초장 거느리고 _ 36

자라는 토끼를 등에 업고 _ 37

호령가 울려 퍼지니 _ 38

장승을 장작 패듯 _ 39

꿩 사냥을 나간다 _ 40

애랑의 사랑에 빠져 _ 41

깨달음 많아 불자 되어 _ 42

영혼을 불러 다시 한평생 _ 43

한 잔 술에 넘어가고 _ 44

허무한 인생 타령에 _ 45

4장 | 혼인 잔치 여덟 마당

바람잡이 마담뚜 _ 48
참한 규수감 보러 간다네 _ 49
청혼서, 허혼서 오가는 날 _ 50
함 사세요, 딸 팔아요! _ 51
신부 출, 신랑 재배하던 날 _ 52
발바닥 두둘기는 소리에 신부 가슴은 타고 _ 53
첫날밤 문구멍 뚫어 놓고 _ 54
시아버지는 술, 시어머니는 엿 _ 55

5장 | 인생살이 아홉 놀이마당

마을 평안의 풍농 놀이 _ 58
호랑이 잡아먹는 귀신 _ 59
험악한 얼굴에 실성한 웃음 _ 60
베틀가에 한풀이 신세 _ 61
땡땡이 중 희롱하거늘 _ 62
세상살이 어찌할꼬 _ 63
거만 떠는 그 얼굴 _ 64
멍석 깔고 맞절하니 _ 65
바람난 여인 반달 눈썹 되어 _ 66

6장 | 팔봉좌도 농악

매굿 · 당산제굿 _ 68
찰밥걸이굿 · 노디고사굿 _ 69
걸궁굿 · 두레굿 _ 70
마당밟기굿 · 판굿 _ 71

7장 | 오신제(五神祭) 향불 피우고

솔향기 되어 _ 74
샛문 열고 들어설 제 _ 75
사신 역사 불태우니 _ 76
소낙비 내리소서 _ 77
불놀이 불놀이야 _ 78

8장 | 하회별신굿 탑놀이 마당

내림굿 _ 80

땡그렁 눈빛에 _ 81

각시가 무동을 타고 _ 82

순박한 언청이 춤 _ 83

베틀놀이 한타령 _ 84

우랑만 먹는 양반네들 _ 85

떠돌이 중놈의 속셈은 _ 86

허풍과 여유로움의 싸움 _ 87

절세 미인의 웃음소리 _ 88

9장 | 탈 속에 살아가는 인생살이 놀이마당

시집살이 각시탈 _ 90

액풀이 이매탈 _ 91

실성한 웃음에 백정탈 _ 92

합죽이 할미탈 _ 93

떠돌이 때깨중탈 _ 94

허풍이 양반탈 _ 95

주둥이 내민 선비탈 _ 96

코 크고 입 큰 혼례탈 _ 97

소첩 기생 부네탈 _ 98

10장 | 현대판 농가월령가(農家月令歌)

정월—낮이면 이엉 엮고 밤이면 새끼 꼬아 _ 100

이월—명화 되기 전에 다래향 맛보고 _ 101

삼월—쌍 제비 옛집 찾아오고 _ 102

사월—종달이 보리밭 사이에서 울고 _ 103

오월—앵두 석류 벙글어 찬연한 봄빛이라 _ 104

유월—청풍이 불어오는 원두막에 앉아 _ 105

칠월—견우직녀 이별의 눈물이 빗물 되고 _ 106

팔월—오곡백과가 익어 가는 능금빛 웃음 _ 107

구월—물색은 좋다만은 추수하니 새순 돋누나 _ 108

시월—제삿날 손꼽아 단자까지 챙겨 보렴 _ 109

십일월—베틀에 물레 소리 밤 깊은 줄 모르나 _ 110

십이월—풍년이라 소쩍새 울고 _ 111

1장

인생 고사 오신제(五神祭)

구름 따라 향불 피우고
―산신제*

애솔가지 바람에 흔들리고
솔뿌리 자락에 놓인
냉솔받이 상석들
홍동백서(紅東白西)*, 좌포우혜(左布右鞋)*
조율이시(棗栗梨柹)*, 반서갱동(飯西更東)*

청수 걸러 드리우고
향불 구름 따라 띄우고
조상 묘 우측 상단에
삼신산(三神山)*, 오악산(五嶽山)*, 사악신(四惡神)*에 제단 올려
달래고 얼려 주어

한재, 수재, 병재 막아 달라고
동구 밖마다 산골마다
진산을 정하고 산신당 지어
진호신을 받들어
자연물에 귀한 생명 달렸으니
춘추 시절 신선당* 호랑이 상(象)에
참신 재배 올려
선영께 빌고 비나이다.

* 산신제: 산을 맡아서 지키는 신에게 드리는 제사.
* 홍동백서(紅東白西): 붉은 것은 동쪽, 흰 것은 서쪽.
* 좌포우혜(左布右鞋): 포는 좌측, 식혜는 우측.
* 조율이시(棗栗梨杮): 대추, 밤, 감, 배 순서대로.
* 반서갱동(飯西更東): 밥은 서쪽, 국은 동쪽.
* 삼신산(三神山): 봉래산, 방장산, 영주산을 말함.
* 오악산(五嶽山): 토함산(동), 계룡산(서), 태백산(북), 지리산(남), 부악산(중앙) '삼산오학' 이라 함.
* 사악신(四惡神): 삼각산, 송악산, 비백산, 지리산—이조시대 주로 '사악신' 을 모셨다 함.
* 신선당: 산신산은 호랑이 상이라 하여 산신제라 함.

성황당에 수호신을 모시고
—별신제*

작은 동구 밖
삼 갈래 길에
골매기* 서낭당 드리우고
무당 축제
오구굿*의 망령제
제차(祭次)가 들어서면
심청굿, 손님굿, 성주굿 놀이에
마을 신 불러들여
탈놀음, 원님놀이, 줄타기하며
춤과 노래로 적선하니
밤이슬에 젖어
가무와 음주로 농악대 앞세워
신주님, 마을 기둥 손님 맞아
우물풀이*, 방앗간 처녀 귀신 풀이로
장성굿 제물 올리니
마을 문이 열리고 세상 문이 열린다.

* 별신제: 부락마다 서낭당을 짓고, 동신제와 무당제를 지내는 곳.
* 골매기: 부락 수호신을 모시는 곳.
* 오구굿: 심청굿, 손님굿, 성주굿, 시준굿, 거리굿들은 마을 형편에 따라 지내는 제(祭).
* 우물풀이: 지신을 밟거나 귀신을 쫓아낼 때 푸닥거리 순서 중 하나.

풍어제 울리는 뱃고동 소리

—용왕신제(龍王神祭)*

뱃길 따라
생명 부지 거느리거늘
용왕은 해신으로 거룩하게 받들고
풍어 낚는 어민들 한자리에 모여
설기곤떡*, 매역, 남삐, 미내기로
날고기 생선 올려
동서남북 사신용(四神龍)께 제(祭) 올리니
심방 무현(巫俔)*의 덕담으로
동해 용왕 청용신*
서해 용왕 백년신
남해 용왕 적용신
북해 용왕 흑용신
사설풍자 너덜대면
청, 백, 적, 흑 사신 달래고
수리태자 국왕께 살려 달라 비나니
어부고원 성사되고
농토박식 운수대통으로
용왕님의 큰 뜻이라
뱃고동 소리 웃음으로 피어난다.

* 용왕신제: 뱃꾼이나 어부들이 사신용왕(四神龍王)께 비는 제(祭).
* 설기곤떡: 산신제 때 올리는 제물로 어부들의 은어. 설기=백설기, 곤떡=쌀떡, 매역=미역, 남삐=무우, 미내기=미나리.
* 무현(巫俔): 수신당(水神堂)이나, 해신당(海神堂)에 앉아 기원 드리기 전에 사설하는 사람.
* 청용신 · 백년신 · 적용신 · 흑용신: 동서남북 해신(海神)의 명칭.

당집에 제(祭) 드리우고
—서낭신제*

산골 변방 큰 나무 사이
치마바위 지붕 삼아 당집을 짓고
왼 새끼 꼬아 오색천 드리우니
성주신, 조앙신, 잡신 외워 합장하고
금줄 처 부정한 놈, 잡년 금기시키고
사시사철 결빙(結氷)한 물에
속마음 씻어 내고 '전이의 제의*' 하노니
성의(聖衣) 색채도 구분하고 신성수(神聖數), 방위시간
제주(祭酒), 제찬(祭餐), 신선한 심신으로 정(淨)하게 올리니
신성수(神聖樹)*, 신성암(神聖岩), 신성수(神聖水) 서낭당 제신
(諸神)께 올려
모든 신(神) 외경(畏敬)하여 오늘도 산모롱이 돌아
두 손 모아 합장하며 눈을 감노매라.

* 서낭신제: 인간 세상과 격리되어 사람을 지켜 주는 자연신.
* 전이의 제의: 원시시대 의식구조에서 전래된 토속신앙.
* 신성수(神聖樹): 신성한 자연신들.

사방신 마음 달래고
—고수레신제

한마을 해바라기 되어
장승처럼 지켜 주는 정자나무 아래
삼거리 길 복판에
십자로* 짚 엮고 엮어서
채반에 음식 걸러 놓고
산신령, 길신령, 방죽신령, 고목 정승신령*
배부름에 해코지 말라 하고
오늘도 하늘 아래 온누리 신께
고수레— 고수레*— 던지면서
제(祭)를 올리고 예(禮) 드리우면
고(告)*와 보시(布施)로 고씨 지주 찾아뵙고
동서남북 향방신께 고수레 드려
방어적인 우리네 한(恨)풀이
믿음으로 살아가는 우리네 소리들.

* 짚으로 사람의 형태를 엮어 그 위에 음식을 놓고 제를 지냄. 고수레의 유래—옛날 고씨 성을 가진 지주가 머슴들이 일을 잘해 자기 토지를 분배하여 먹고 살아가게 했으니 감사의 뜻으로 음식을 먹기 전에 고씨에게 고(告)하고 먹는다는 뜻으로 고수레했다.
* 산, 들, 물, 길에 있는 신(神).
* 고수레: 고씨례—고씨레—고시레—고수레 어원적 유래.
* 고(告): 천지지간 모든 신께 알리고 보시한 뒤 음식을 먹는 행위.

2장

—

한가위 열두 놀이마당

부럼* 깨기

저고리 옷섶 여미는 새벽 달
구름 사이로 너울지며 흘러가는데
기다리는 마음에
달 보고 짖어 대는 멍멍이

해가 솟아올 무렵
날밤, 호두, 잣 한 번 깨물어
햇살 비친 초가지붕에 던지며
'부럼 나가라, 부스럼 물러가라' 축수하며
무사태평 무사만병 종기, 떨치고

나이 따라 깨물며
과실 먹기 홍타령에
이도 튼튼, 뼈가 굵어지나니
한평생 살이 절로 크니
만사형통, 웃음꽃이 절로 피어난다.

* 부럼: 고치지방(固齒之方), 작절(爵癤)이라고도 하는데, 머리에 종기가 나 진물이 나면서 옮기는 부스럼이다.

네 더위 내 더위 맞 더위*

한가위 영롱한 이슬 적실 때
동네 한 바퀴 더위를 판다

친구 집 대문 앞에서
다정인 양 이름 부르면
대답과 동시에 일 년 더위 팔아넘기고
에험, 하며 큰 벼슬이나 얻은 듯
거동 대며 말 닦음 놀이
'내 더위 내 더위 맞 더위'
대답하면 네 더위, 안 하고 먼저 네 더위 하면
찰나 더위를 사고 마는 재치려니
말로 주고 말로 받는 더위 팔이 놀이에 산다.

* 먼저 더위: 매서(賣暑)라고도 하는데, 더위 파는 행위. '내 더위 네 더위 하면' 재빨리 '내 더위' 하고 대꾸를 해야 한다.

귀밝이술*

식전 댓바람에
냉술 한 잔 마시노라면
사지가 떨리고 정신이 퍼뜩
귀가 쫑긋 세상이 열려 밝아지니

귀가 당나귀요, 소리 듣기는 확성기라
남의 말 잘 듣고 귀청이 좋으니
새벽 나절 귀밝이술 한 잔이
한 해 기쁜 소식 들어 좋고

못 먹는 술 한 잔에 대낮 지아비도 몰라본다
한겨울 얼음 술 한 잔에
집안 웃음꽃 되고
한세상 살아가는 데 오복 중에 하나
오늘도 귀밝이술에 세상살이 잘 넘어간다.

* 귀밝이술: 아침 식전에 찬 술을 마시면 온몸이 눈을 뜨고 정신이 번쩍하여 귀가 열린다는 풍습.

쥐불놀이*

작은 보름날부터 대보름날
달맞이 놀이에
관솔불 휘휘 돌리고 돌리어

논두렁 밭두렁 나이 만큼
훨―훨― 태우고
들쥐 생쥐 두더쥐 해충들
곡 짓는 소리에
더벅머리 총각네들

옹이 불로
우리 동네 집쥐 들쥐 다 쫓아
이웃 마을 보내니
지붕 위에 날리는 옹이 불
쥐불 싸움 승전가에
풍년가가 울려 퍼진다.

* 쥐불놀이: 보름날 석양에 달맞이 전에 논두렁 밭두렁을 자기 나이만큼 태워야 머리에 부스럼이 안 생긴다는 유래. 또는 옆 동네와 불놀이를 하여 이기면 이긴 편의 쥐들이 진 편의 동네로 다 모인다는 풍습이 있음.

다리밟기* 놀이

—답교(踏橋)

휘영청 달 밝은 밤에
솔향기 드리운 성곽 다리를
오늘도 나들이마다 열두 다리를 밟고
액운을 때우고 발병나지 않도록
나무다리 사뿐사뿐
치맛자락 바람에 너울너울

너샛 돌 머리에 이고
하늘 자락 흰 구름에 고이 접어
한 발 한 발 광교 수표교 넘나들 때
소원 성취 빌고 비나니
놋다리 잎새 사이 점 찍어 놓고
오늘도 달맞이 놀이에
무병장수 기리며 흥겨움에 사노매라.

* 다리밟기: 대보름 달밤에 남녀노소 모두 나와 놋다리밟기, 성(城) 돌기를 하는 풍습.

개구리 알 먹기*

—경칩(驚蟄)

불노불사(不老不死) 되풀이하는
달 속의 상징인 양
토끼, 거북이, 계수나무 문양따라
장수를 추모하는 우리네들
한 개구리, 비단개구리, 두꺼비 알을
후두둑 후두둑 마셨으니

사민월령가(四民月令歌)에는
두꺼비를 창약(瘡藥)으로 조합하고
고분벽화에 그 형상을 남겼으니
피병(避病)* 피사(避邪)*를 쫓는 데는
힘이 되고 만병통치로 치유하나니
사람 생명 영원불멸을 찾으며 살아가리라.

* 경칩(驚蟄): 개구리 알이 좋다 하여 2월 경칩에 잡아먹는다는 풍습.
* 사민월령가(四民月令歌): 중국 후한의 최식이 지은 책. 사민—사농공상의 연중행사 기술.
* 창약(瘡藥): 부스럼에 쓰는 약.
* 피병(避病): 병을 피하여 거처를 옮기는 일.
* 피사(避邪): 악함을 피하는 것.

달집태우기

청솔가지 엮고 엮어
동구 밖 너른 텃밭에
한솔래기 갈비를 모아
해가 지고 밤이 묻어올 때
동네 총각 머슴들 풍물놀이라

신명나게 울리면
원소절(元宵節)*이라 대보름날
남산에 달빛 조홍으로 내밀 때
달집에 불 당기면
강강수월래 강강수월래

불길은 하늘을 치솟고
모닥불 불티 춤추고
막걸리 닭죽에 홍타령 절로 나니
신명에서 한풀이*로 넘어가는구나.

* 원소절(元宵節): 원소, 상원절, 상원이라고도 함. 정월 보름날을 일컫는 말.
* 한풀이, 신명풀이: 恨(덧말:한)을 노래하다가 신명나는 노래를 하는 것. 신명나게 놀다가, 술이 취하면 한풀이가 된다.

수릿날 놀이

천년 만년 살고파서
익모초, 당초, 고초 아침 이슬에
창포, 당포 물에 목욕재계하고
수릿날이라 단오(端午)*를 맞이하니

하늘 자락에 그네 띄워
한들한들 치맛자락 날리니
창포 향기로 정결하게 한 몸 씻어 내고
멱라수(汨羅水)*로 영혼 기리니
천수 만수 영생불멸 살고파라

창포 뿌리로 수(壽), 복(福)* 드려 비녀 만들고
풀잎 백 가지로 생수 걸러 생기 돋우어
남정네들 기세워 회춘으로 만들고
여편네들 추천으로 속살 보이려니
한 몸 이룬 청춘이라 불꽃이나 피워 보세.

* 단오(端午): 명절의 하나. 음력 오월 초닷샛날. 농촌의 명절로서 수리치를 넣어 절편을 만들어 먹고, 여자는 창포물에 머리를 감기도 하고 추천 놀이를 하기도 하고, 남자는 씨름을 하고 놀았다. 단양(端陽), 중오절(重午節), 천중절(天中節)이라고도 함.
* 멱라수(汨羅水): 중국 호남성 상음현의 북쪽에 있는 강.
* 추천(鞦韆): 그네.

화전놀이

들꽃이 출렁대는 산등선에
철쭉꽃 흐드러지게 피어나고
꽃잎에 쌀가루 반죽이라

참기름 위에 화전(花煎)* 만들어
산떡이라 별미로 시식(時食)*하고
풍류 속에 환떡[環餠]* 만들고
오색 분홍에 연한 쑥으로 탕평채(蕩平菜)* 만들고
두견주(杜鵑酒)*에 도화주(桃花酒)*라
이강주(梨薑酒)* 빚어 견주면서
청산나비, 노랑나비 행운 찾아 날아드니
강남 갔던 제비 돌아오니 삼짇날이라 온화한 날
화전놀이에 웃음꽃이 절로 난다.

* 화전(花煎): 꽃전, 꽃을 부치어 부친 부꾸미.
* 환떡: 둥근 떡.
* 두견주(杜鵑酒): 진달래꽃을 넣어서 빚은 술.
* 이화주: 배꽃을 넣어 빚은 술.
* 삼짇날: 음력 삼월 초사흗날. 상사, 중삼이라고도 함.

냉절날

청명한 하늘 자락에
가을빛 너울거리는 산등선마다
성묘객들이 능원(陵園)*을 이루어
한식날 산소에 오르는 백성들
관공리(官公吏)*들에게 공가(公暇)*가 허락되니
오곡과 과일을 올리고
바로 이날을 냉절(冷節)*이라 했으니

중국 춘추시대 제나라 충신 개자추(介子推)*는
진나라 문공에게 허벅지 살점을 받쳤으니
그 뜻을 살피지 못하고
개자추는 산속에 숨어서 지조를 지켜 죽은지라
그 영혼을 기리기 위하여
이날만큼은 불을 때지 말라 하여 찬밥을 먹었으니
죽은 자의 성묘 날이요, 바로 냉절 날이어라.

* 능원(陵園): 능과 정원.
* 관공리(官公吏): 관리와 공무원.
* 공가(公暇): 공무원에게 공식적으로 인정되어 있는 휴가.
* 냉절(冷節): 한식철, 한식날.
* 개자추(介子推): 중국 춘추시대의 은사.

3장

판소리 열두 마당

암행어사 출두요
―춘향가

부하 뜰 당도하여
임실 말칫재를 넘나드니
광한루 용머리가 보이고
남원 부사 아들 몽룡이는
한양 급제하여 어사 패를
허리에 빗겨 차고
삿갓으로 하늘을 가리우고
퇴기(退妓) 월매의 딸 춘향이를 찾으니
거지 중에 상거지라 쫓겨나고
수청 아니 들고 절개 지킨 춘향이는
암행어사 출두요! 큰 목소리에
서방님 내 서방님 오셨군요
몽룡이 가슴에 안겨 눈물 적시니
인권유린 사상 뿌리 뽑고
서민들의 인권 옹호하니
천하가 태평이요, 경사로다
광한루에 춘향가가 오작교를 넘나든다.

공양미 삼백 석에
—심청가

집 뜰 후원에
정화수 정갈하게 떠 놓고
우리 아버님 눈뜨게 해 달라고
신령님께 빌고 비나이다
인당수 푸른 물에
무남독녀 심청이가
한 몸 팔아 아버지 눈떴으니
황주 도화동에는 경사났고
맹인 심학규는 환생한
딸을 보고 싶어 애태움에
왕후로 탄생한 딸을 보고파 눈을 떴고
지극한 효심으로 공양미 삼백 석에
하늘 문이 열렸도다
마음의 문이 열렸도다
부녀 상봉 뜨거워
뻥덕어멈 천벌 받고 떠났으니
한 집안의 행복이어라
효심 깊은 심청가가 온누리에 퍼지도다.

화초장 거느리고
—흥보가

애상 궂은 제비 다리
생명의 존귀함으로 감싸 주어
보은사상으로 금은보화 얻은 흥보는
화초장 거느리고 살아가는 동생인지라
욕심 많고 심통 방통한 형 놀부는
행여나 하여 제비 다리 작신 부러트려
날려 보낸 제비 기다리고 기다렸다가
패가망신당하고 상거지 신세라
착한 이는 흥하고 악한 이는 망한지라
권선징악의 본보기를 보여 주는 우화로
착한 마음으로 형제지간 우애의 교훈이라
인간 세상사 선하고 착하게
살아가는 처세술이라
선과 악을 흥보가에서 배워 본다.

자라는 토끼를 등에 업고
―수궁가

슬기와 재치로
수궁왕의 생명을 연장하려고
토끼의 간을 얻기 위해
자라는 토끼를 등에 업고
기호지세(騎虎之勢)가 되어
파도를 헤치며 두둥실 수궁에 당도하여
충성으로 임금님께 토끼를 받쳤으나
토끼 왈― 내 간이 더러워
아침 이슬에 씻어 햇볕에 말리느라
동남쪽 서남북 사이 나무에 걸어 놓고 왔으니
육지를 나갔다가 오겠다 하고 줄행랑이라
재치와 지혜로 살아난 토끼
인간사 살아가는 데 풍자로
뛰는 놈 위에 나는 놈 있더라
오늘도 찰랑찰랑 수궁가를 불러 보리라.

호령가 울려 퍼지니

—적벽가

중국 삼국지를 전략적으로
위(魏), 촉한(蜀漢), 오(吳) 삼국의 정립 속에
갈등과 지략으로 대륙의 전술이 보이고
권모술수로 군웅들의 성격이 풍모되니
방대한 전술과 인간 심리를
물 긷듯 파헤쳐 화용도(華容道) 타령하니
적벽강에 울려 퍼진 그 목소리
심금을 울리는 그 낭군들의 그리움의 소리들
기다림 속에 승전가의 노랫소리
그 기상의 나발 소리에 홍취되어
적벽가 대신에 호령가 울려 퍼지니
전술 속에 살아 돌아온 그대들은
국가에 몸 바친 영혼을 기리며
무시로 승리의 적벽가를 부르며 살아가노라.

장승을 장작 패듯

—변강쇠타령

평안도 옹녀라는 잡년과
전라도 변강쇠라는 잡놈
오늘도 밤낮 음탕한 짓이 끝이 없는지라
불타오르는 가슴에 냉수를 들이키고
이별 아닌 생이별을 하여
옹녀는 북으로 변강쇠는 남으로 떠났는데
찰떡궁합에 그 꿀맛을 못 잊어 얼마 못 가서
지리산 속에서 남몰래 붙어살다가
변강쇠 힘이 넘쳐 장승을 장작 패듯 한 손으로 짝~
군불을 땐 죄로 장승처럼 눈을 부릅뜨고 죽었으니
초랭이, 풍각쟁이, 세요각시 고것이 그리워
변강쇠 거시기 잡고 우는지라
각서리 패, 마종꾼들이 옹녀를 달랬으나
무엇을 못 잊어 변강쇠 거시기는 살아 있어
그것을 휘어잡고 울고불고 곡(哭)을 지으면서
밤이나 낮이나 가루지기타령만 부르며 살더라.

꿩 사냥을 나간다
—까투리타령

메마른 콩깍지 위에
콩 한 알 데부러져 누워 있기에
동지섣달 배 골아 시달리다가
이게 웬 떡 주어 먹으려 하니
까투리 아내가 말리는 순간
아뿔싸, 인간 덫에 걸려 죽어 간지라
애고애고 내 서방 다 죽어 가네
몹쓸 놈의 인간들이 야속하고 야속 터라
어찌할꼬, 우리 잡아먹으면 보신되나
퍼드득 퍼드득 죽어 가는 우리 서방 살려 주소
이 산 저 산 힘센 장끼들 모아 봐도
무슨 대수가 있는가, 어찌할꼬 이내 신세
먹지 말라 조심하라 말렸건만
눈앞에 죽어 가는 내 살붙이 어찌할꼬
애달프도다, 이놈의 팔자 한 타령이나 해 볼거나.

애랑의 사랑에 빠져
—배비장타령

양반네들 내 말 좀 들어 보소
양반이라 위세 떨다 망신살이라
제주도에 간 배비장이
아내에게 외도를 않겠다고
천금 만금으로 약속했는디
하룻밤 사이 애랑의 사랑에 빠져 버려
이를 어찌하오리까
애고애고 알몸으로 사랑놀이하다가
관청 하인(애랑의 남편)이 호통을 친지라
순간, 궤짝 속에 몸을 숨기었거늘
하인 왈— '저 궤짝을 강물에 던져 버려라'
관청 앞마당에 던져 놓고 큰소리치면서
파도 소리에 뱃노래까지 불러 가며
철썩— 철썩— 푸드득, 싹— 싹—
어하 둥둥 뱃놀이 가잔다
어기어차 홍— 어기어차 홍— 홍에 겨워
사공이 구해 준다 눈을 감으라
육지에 나와 눈을 뜨니 깨달음이 많아
배비장 하는 말, '어이할꼬 양반 노릇 못하겠구나'
양반네들 허세일랑 버리고 풍자타령이나 불러 보소.

깨달음 많아 불자 되어

—옹고집타령

심술 많고 인색하기가 그지없는
불효막심한 고집쟁이가 있었으니
걸인의 쪽박을 깨부수고
문둥이 콧구멍의 마늘을 빼 먹고
중이 오면 바가지로 민둥머리를 문지르고
어이타 그냥 듣고 보고만 있을 것인가
학대사(鶴大師) 분하고 분하여
버릇 고치려고 찾아갔으나
오히려 매만 맞고 돌아왔으니
초인(草人)으로 가짜 옹고집이 탄생하여
하늘을 찌르는 고집 대결을 했는데
진짜 옹고집은 쫓겨나고
가짜 옹고집이 집을 차지하고 태평세월을 누리니
옹고집 참다못해 자살하려는 순간
도사가 구사일생으로 구해 주어
옹고집이 득도(得道)하여 깨달음이 많아
독실한 불자가 되어 개과천선(改過遷善)하여 살아가니
인간사 옹고집타령으로 새사람 되어 살아가세.

영혼을 불러 다시 한평생

—강릉 매화타령

지조가 굳은 강릉 부사 생질을
강릉 기생 매화가 향내 풍기며
하룻밤 가슴에 안고 사랑놀이라
지가 대꼬챙이인가 해신의 거시기인가
밤이나 낮이나 못 잊어 상사병에 빠져
어느 날 매화가 죽었다는 거짓말을 해
생질의 추태를 보아하니,
어허 미쳐도 단단히 미쳤구나
죽었다는 매화 귀신을 잡고
애간장만 태우다가 잠 못 이루고
밥 한 풀 안 먹는지라 죽음에 헤매다가
매화가 살아났다는 소리에
영혼을 불러 다시 한평생 살았으니
지조도 버리고 명예도 버리고
진정한 사랑에 매화타령 절로절로 불러 본다.

한 잔 술에 넘어가고

—왈자타령

'오날도 좋다만은 만월이만은 못하더라'
장안의 기생들 다 모여 놓고
왈자(曰字)들이 한바탕 놀아나는데
네가 잘나 일색이냐, 내가 못나 촌닭이더냐
한 잔 술에 넘어가고
만월이 치마폭에서 놀아나니
두 잔 술에 옷 벗은 임아
기개를 내세워 큰소리치더니
네 것 내 것 할 것 없이
오입쟁이들 신세타령이도다
가짜 타령들의 행패로다
'오날도 좋다만은
빈털터리 왈자들의 한심한 타령이구려.'

허무한 인생 타령에

—가짜 신선타령

어리석은 자, 산신령이 되고자
봉래산 찾아들어가
매 늙은 중한테서
거짓을 떨치고자
천세매도(千歲梅桃)에
천일주(千日酒)를 받아먹고
염불한답시고 음탕한 짓으로
일출야담(日出夜談)하니
산신령은 언제 되나
노심초사(勞心焦思) 고민고민하다가
인생춘몽(人生春夢) 허사였으니
가짜 신선놀이 한번 잘했구나
세상사 공수래공수거(空手來空手去)이거늘
신세타령, 허무한 인생타령에
가짜 진짜 어디 있노 평민 되어 놀아나 보자.

4장

—

혼인 잔치 여덟 마당

바람잡이 마담뚜
―중신애비

바람잡이 마담뚜는
오늘도 천생연분을 노래하면서
절간으로, 노인정으로 입나발을 내밀고
풍선에 바람을 잔득 집어넣고
동네방네 처자 찾고, 신랑감 만나려고
재 넘고 산 넘고 물 건너
부잣집 대문간 문턱이 불이 나는데
해는 길고 짧다 하여
노잣돈 받아 챙기고 배 단단히 채워 넣고
허리는 구부렁이요, 발걸음은 팔자 신세라
뒷짐을 구성지게 얽어매고
에험! 큰기침 하노라면
처녀 총각 기쁜 소식 울 너머로 기다린지라
앞동네 뒷동네 수소문에
천생배필 말수 좋게 떠들어 놓고
껍보리 서 말인가, 뺨이 열 대던가
날이면 날마다 소문만 내고 팔랑거린다.

참한 규수감 보러 간다네
―선보기

당고모님 우리 며늘아기 선 좀 보소
읍내 가기 전 갈마리에 참하고 예쁜 규수가 있다는데
양반 댁이라 별 탈은 없을 것 같은데
그래도 눈썰미가 좋은 고모님하고 큰동서가 간다 하오

신랑 측에서는 매파(媒婆)*를 시켜
보고 와서 소상히 알리라 하면 되고
신부는 신랑 측 선택에 따르는 것이 순리이니

오늘날 우연 아니면 필연으로 만나
사귀고 사귀다가 서로 콩깍지가 끼면 혼인하자 할끼고
서로 의사소통이 안 되면 하루아침에 안녕하면 될끼고
신랑 신부감 어디 부모가 고른다요
저희끼리 눈 맞으면 살자고 할 것이고

노처녀 노총각 눈높이 맞추다가 애늙은이 되는지라
남몰래 선보는 것은 옛날 옛적인지라
처녀 총각네들 눈을 낮추고 콧대도 낮추소서

* 매파(媒婆): 혼인을 중매하는 할멈. 매구(媒嫗)라고도 함.

청혼서, 허혼서 오가는 날
—사주와 궁합

뚜쟁이 기세가 등등하여
정혼이 되었다 큰소리치면서
오행에 맞추어 길흉을 점치나니
신랑 집에서 사주와 청혼서를 쓰자 하면
신랑 생년월일과 시(時)를 적어, 오간(五間)*으로 접어
사주(四柱)*라 쓰고 이면에는 근봉(謹封)*이라 써서
청실홍실 매어 사주보에 싸 보내니 이를 납채(納采)*하노니

가름하여 신부 집에서는 허혼서와 택일을 보내나니
이를 연길(涓吉)*이라 하여 전안연월일(奠雁年月日)* 적어
양가 부모님들이 납폐 일시를 결정하여 혼삿날을 잡는지라

신랑 집에서 신부 집에 한 살림 보내는 것을 송복(送福)*이라 하고
혼일 전날에 함이 가는디, 신부 치마 저고리 두 벌쯤 넣고
예장서(禮狀書)*를 넣어 보내니 이것이 바로 혼인문서(婚姻文書)*이니라.

* 오간(五間): 5칸으로 접음.
* 사주(四柱): 사람이 난 연월일시의 네 간지.
* 근봉(謹封): 삼가 봉한다는 뜻임. 편지 봉한 자리에 쓰는 말.
* 납채(納采): 신랑 될 사람의 집에서 신부 될 사람의 집에 혼인을 청하는 예의.
* 연길(涓吉): 혼인이나, 기타 경사의 날을 잡을 때 택일함.
* 전안연월일(奠雁年月日): 혼인 때에 신랑이 기러기를 가지고 신부 집에 가서, 상 위에 놓고 절하는 예.
* 송복(送福): 복을 싸서 보낸다는 뜻.
* 예장서(禮狀書): 혼서, 사례의 편지.

함 사세요, 딸 팔아요!
—함진애비

해 저물 무렵 비탈길 골목 동네 입구에서
청사초롱 불 앞세우고 함 사세요! 딸 팔아요!
신랑 친구들은 채단(綵緞)*과 혼서지(婚書紙)*
그리고 신랑의 성명과 생년월일이 적힌 오간지가 들어 있는
함을 짊어진 말을 보면 키는 전봇대요, 마부는 난쟁이라
얼굴은 까만데 오징어를 뒤집어쓰고 말을 더듬으면서
밥(돈)을 달라, 물(술)을 달라, 풀(안주)을 달라 소리치고
먼 길에 오느라 다리가 아파 움직일 수 없다 생떼를 쓰고
처남, 처제 될 사람이 나와서 돈을 길바닥에 깔면서
음식을 대접하고 안내하면서 식구들이 교대하여
대문까지 오기에는 밀고 버티고 당기고 하다가
장모 될 사람은 대문 안에 백설기 떡 준비를 하면
함진애비는 시루 위에 함을 올려놓으면
집안에 오복을 갖춘 사람이 받아 함을 열어 보나니

함잽이들은 거나하게 대접을 받고 노잣돈을 받아
신랑 신부와 같이 축복의 자리를 만들어
'함을 싸게 팔았다' '너무나 비싸다' 말씨름을 하면서
재치와 익살로 따사로운 인정미와 미소가 오갔으니
악의 없는 풍속에 우리 민족만이 갖는 정감이 아닌가.

* 채단(綵緞): 비단의 총칭.
* 혼서지(婚書): 혼인에 관하여 쓴 종이.

신부 출, 신랑 재배하던 날

—혼례상

초가지붕 끝 자락 귀머리에 줄 매여 달고
마당에 멍석 중앙에서 대문간까지 널렸으니
차일 하늘 높이 장대 고봉으로 올려치고
절구통 엎어놓고 떡판 올려놓으니
대나무 잎새에 오색실 바람에 휘날리고
원앙새, 봉황새 좌우로 날아들 때

친척, 동네 사람들 마당 끝에 둘러서고
울타리 넘어 총각처녀 긴 목 빼들고 기다릴 적에
사처*에서 기러기를 가슴에 안고 말을 타고 신랑 입장이라
'신부 출~' 하니 안방에서 족두리에 떨잠 흔들리니
신랑 내려와 기러기를 장모 치마폭에 안겨 주고
신부를 맞이하니 이를 친영(親迎)*이라 하노라

혼인식이 시작되면 상견례를 하고 합환을 주고받고
술잔을 주고받으면서 합근하여 서로 술잔을 교환하면서
양부모 앞에서 정식 부부로 인정을 받고 첫날밤을 맞이함이라.

* 사처: 신랑이 신부 옆 집에 와서 기다리는 집.
* 친영(親迎): 신부를 맞이한다는 뜻.

발바닥 두둘기는 소리에 신부 가슴은 타고
—신랑 신부 다루기

초저녁 손톱달이 을씨년스럽게 중천에 두둥실 떠 있을 때
혼인식은 끝나고 저녁 식사와 함께 술 한 잔 거나하게 마시고
친척들이 신랑 신부 노래나 들어 보자고 유희(遊戲)*를 거는디

친구 친척들은 '어른 대접이 떱떠름하그만' '응— 그렇지—' '그러면 버릇을 고쳐 볼까' 하며 긴 백포로 신랑 발목을 묶어 대들보에 매여 달아 놓고 방망이로 발바닥을 내리치면 장모와 신부는 '무엇을 원하는가' 돼지 1마리, 닭 5마리, 떡 1시루, 술 5말, 기타 걸판지게 다리가 부러지게 2상, 그리고 창가 10곡 '신랑 대답이 없으니, 내리쳐라' 술상이 썰렁하면 계속 치노라니

이제 구경꾼들과 같이 한 잔씩 마시고 취기가 들면
신랑 신부 서로 마주 보게 한 몸으로 묶어 놓고
얼마나 사랑한가 입맞춤도, 엿을 입으로 서로 먹여 주기
서로 천년만년 살겠다고 고백도 들어 보고, 입맞춤 10분 넘기기

신랑 신부 노래도, 친구들, 친척들, 장모 장인 노래도 들어 보고
시누이, 도련님, 고모, 이모 노랫소리에 웃음이 울타리를 넘어가니
얼싸 좋구나 좋다 밤새는 줄 모르고 첫날 밤이 넘어가는구나.

* 유희(遊戲): 즐겁게 노는 놀이, 장난으로 노는 놀이.

첫날밤 문구멍 뚫어 놓고

—신방 엿보기

불을 많이 때서 방은 궁둥이가 익어 가고
친인척, 동네 아낙네들이 방에, 마루에, 마당까지
유희며 노래를 부르다가 신랑 신부 지쳐서 스러지면
초례(初禮)*식 끝나고 신방에 들어가면 초롱불 간들거리는
그 앞에 야물상 마주 놓고 저고리 벗기고
불을 끈지라 친인척, 처녀 총각들 문구멍 뚫어 놓고
아야야, 애고애고 소리 들을려고 이슬 맞으며 귀 쫑긋

신방 엿보기는 신랑 신부 방사할 때 잘못이 있을까 봐요,
조혼(早婚)*이라 서로 얼굴 보고 싫어서 도망갈까요,
신랑 신부가 하루 종일 시달려 깊은 잠에 불상사가 있을까요,
신랑 신부 잠 못 자게 놀리는 풍습으로 전해 내려왔는기요,
신부가 욕심이 나서 시기 질투로 남 몰래 업어 간다는 것이니
이 모두가 경사로운 일에 액이 끼지 않도록 하는 놀이이니라.

* 초례(醮禮): 혼인을 지내는 일.
* 조혼(早婚): 나이가 어려 일찍 혼인한 것을 말함.

시아버지는 술, 시어머니는 엿
—신행

첫날밤을 지낸 뒤 시가(媤家)*에 가는 것이니
떠날 때에는 부엌 솥뚜껑을 세 번 들었다가 놓고
의례(儀禮)*에 의해 시가 집에 들어가기 전에
시(時)를 맞추기 위해 정방에 들어가서 대기하나니

구고례(舅姑禮)*를 해야 하니 시아버지께는 술 한 잔
시어머니에게는 엿을 입에 넣어 주고, 식구들에게는
입막음 떡을 나눠 주고, 자고 난 뒤에는 새벽 사공 올리고

근친(覲親)*은 일 년 농사를 지어 송편을 만들어 친정에 가고
가다가 성황당이 있으면 무색 헝겁을 하나씩 매여 달고
친정 대문에 들어서면 콩이나 무명씨를 던지나니

이때 가마의 문은 신랑이 열어 주고 짚불을 차고 들어오고
구고례를 열어 시아버지와 시부모에게 선물을 나눠 주어
아무리 어린아이까지 작은 선물을 다 나눠 줘야 혼인이 끝이라.

* 시가(媤家): 시부모가 있는 집, 시집.
* 의례(儀禮): 의식을 행함.
* 구고례(舅姑禮): 시아버지와 시어머니에 대한 의례.
* 근친(覲親): 친정 어버이를 뵙는 것.

5장

—

인생살이 아홉 놀이마당

마을 평안의 풍농 놀이
―무동 한마당

흙담 드리운
초가 골목길 따라
머리띠 드리운 하얀 바지들
성황님의 현신인지라

탈각시 삼각 무동 태워
앞치마 한 자락에
곡물을 바쳐 복을 빌고
마을의 평안과 풍농을 비나니

앞 갈래 뒷 갈래 머리 덜렁거리고
너울너울 춤을 추노니
악 다문 입은 시집살이 주둥이라
얽히고설킨 가슴앓이
한 올 한 올 풀어 가며 살아간다.

호랑이 잡아먹는 귀신
—주지 한마당

몸은 용이요, 머리는 호랑인지라
액맥이 잡아먹는 귀신 앞세워
잡귀와 사악 몰아내고

귀신 춤 액풀이 한마당에
얼레리꼴레리 왔다리 갔다리
암수 장끼 까투리 사랑 싸움 시작되니
턱없는 장끼 얼챙이 실눈 뜨고
순수하면서 바보스러운 이매탈
수컷들의 마당놀이 애살궂구나.

험악한 얼굴에 실성한 웃음

—풍자 한마당

황소 정수리
쇠망치 한 방으로 넘어뜨리고
염통과 우랑 떼어
정력가 한량에게 팔아넘기고
벼슬아치 권세 부린 놈에게 큰소리치니

험악한 얼굴, 백정탈이라
비뚤어진 이마에 칼날 세워 눈 부아리니
벼슬도 넘기고 권세도 뺏긴지라
실성한 웃음으로 살아가는
한 많은 백정네 신세타령이구나.

베틀가에 한풀이 신세
—주술 한마당

쪽박을 허리에 덜렁 차고
마당 한 바퀴 돌고
베 짜는 아낙네 신세타령이라

비실비실 서방놈은 힘도 못쓰면서
밤이나 낮이나 계집질만 하고 다니니
주정뱅이 그 신세에
애새끼는 줄줄이고
못 먹어서 눈은 우렁 눈이요,
메말라 비뚤어진 입은 합죽이니
내사 할미탈 뒤집어쓰고
세상만사 잊고 산다오.

땡땡이 중 희롱하거늘

—파계승 한마당

고쟁이 벗어 던져 놓고
아녀자 오줌 누는 소리에
중놈이 희롱하거늘
‘여봐라, 그넌 궁둥이 한번 크구나’
욕정에 못 견디어 초랭이 엿보니
떠돌이 땟개 중 탈을 쓰고
줄행랑치며 능청스럽게 웃는 그 웃음
초생달 눈썹 놀이에
삑구 한 번 하고 땡땡이 중놈 된다.

세상살이 어찌할꼬

—부네 한마당

양반네 한심한지고
부네 하나 놓고
춤 마당놀이 벌리니
백정네들 서로 우랑 먹었다고
거시기 내놓고
변강쇠라 오줌 줄기 싸움질이라

허풍과 거들먹거리는 양반탈
고개 들면 박장대소요,
고개 숙이면 늙은 여우려니
양반 선비네 속알머리 드러내고
살아가는 세상살이 어찌할꼬.

거만 떠는 그 얼굴
—얼굴 한마당

세상일들이 만사 화통한지라
텅빈 속 강정에 허울 부린 선비들

그러나 때론 불만투성이
거만 떠는 그 얼굴
콧날은 넓어서 선비려니 하고
주둥이는 튀어나와 고집통이고
관골이 툭 튀어나온 것도 선비탈이려니
속 비고 겉치레에
우거지상 웬 말인고.

멍석 깔고 맞절하니

—신방 한마당

해 질 무렵
신부 집 마을 입구 솔밭에서
멍석자리 깔고
혼례탈 쓰고 혼인식을 한다

상투 갓쟁이 집사는
코 큰 신랑 불러 놓고
입 큰 신부와 맞절 끝나니
초야에 초롱불 꺼지고
야물상 물려 내니
원앙금침 속 사랑놀이에
아 야야~ 아 야야~
애고 애고 이걸 어쩌나
큰 코, 큰 입 하나 되어 살빛 섞으니
천생연분 한 몸으로 살아간다.

바람난 여인 반달 눈썹 되어
—혼례 한마당

은한은 삼경인데
별빛 달빛은 새악시 금침되어
옷고름이 풀리고
혼례 신방 마당은
가슴 벅찬 황홀경에 물 흐르는데
성왕신 위로하기 위하여
남 몰래 풍요와 자식은 한 줄이라

갸름한 얼굴은 부네탈이라
오똑하고 조그마한 입술
양반 소첩 거동 보소
오늘도 어느 총각놈 홀리어
웃음으로 감칠맛 나는 눈빛으로
살아가는 반달 눈썹 부네여.

6장

—

팔봉좌도 농악

필봉좌도 농악

—임실 농악의 전래

매굿

나발삼초 패랭이 소리로
집마다 지신 밟아 주고
선달 그믐날 하얀 밤에
잡귀 천만리 날려 보내고
웃음소리 울 너머로 넘치게 하소서.

당산제굿

매굿에서 모은 먹거리들
당산 마루에 올려놓고
성황님께 조상님께 비나니
밤새 울리는 풍악의 메아리
음력 정월초 아흐렛날 밤이소서.

찰밥걸이굿

찰밥 술밥 항독에 빚고 빚어
걸궁굿의 파장 머리에 앉아
정월 대보름 텃밭에서
젊음들 풍물놀이 한창이라
파접례 나눠 주는 마음에 축복 주소서.

노디고사굿

징검다리에 금줄 둘러매고
쇠꾼 길굿 놀이에 홍이 겨워
찰밥걸이굿 한자리 나누면서
무병장수 쇠다리 되게 해 달라고
보름 달빛에 즉홍적인 축원 드리소서.

걸궁굿

꽹과리, 징, 북, 장구 사물놀이에
산 넘고 물 건너 딴 마을 풍물이라
영기와 잡색을 선발대로 보내 놓고
입당산굿, 마방밟이굿 얼려 주고
구걸이굿으로 성금 모아 축수하소서.

두레굿

두렁을 넘나들며 울리는 풍년가
한 마지기 두레 농악에 한 잔 술 넘기고
초벌매기 손놀림 가락 속에 돌아가니
깜짝새 두벌매기 어깨춤이 절로 나고
농가월령가에 백 석 내기 기원하소서.

마당밟기굿

당산제 한 마을 한 마음으로
길굿의 아낙네들 불러 놓고
문굿, 마당굿, 한마당 어울리면
주인 나리 닭죽에 막걸리 거나이
부엌, 장독, 철량, 노적, 샘굿에 평강하소서.

판굿

한 마을 넓은 텃밭 밟아 놓고
정초에 시작한 풍악, 농악이라
모닥불 피워 액맥이 연 날리고
달맞이에 각쇠꾼들 장기, 재주 부리니
황소, 광목 상품에 막 내리는 필봉농악이소서.

7장

오신제(五神祭) 향불 피우고

솔향기 되어

—시제(時祭)

행복의 삯달가지는
오늘도 세찬 바람 속에
실가지 하나 잡고
하얀 두루마기 휘날리며
높새가 일고 있는
뒷골 재를 넘나든다

산지기 시사답(時祀踏) 못 놓아
골빠진 아버지 아버지도
위토답(位土踏) 시세에
선영 상석 채우고
청포 관대 입으시고
대청마루 숭모각(崇慕閣)에 모여
가문행실도 그려 본다

초헌, 아헌, 종헌 드리우고
으스림한 초승달
대나무 끝에 매달려
그리메 너울대는 문풍지
청아 한잔 올려
향불 켜고 읊조리면
축문은 솔향기 되어 나른다.

샛문 열고 들어설 제
―제사(祭祀)

무리내 별빛은
하얀 밤에 젖어
밤은 깊어 가는데
사랑방 노총각들
한지 자락에 단자(單子) 적어
제사집 마루에 던져 놓으면

장독대 채반
떡 한 시루에 수정과
초롱불 켜 들고
대청마루에 단자(單子)
버선발로 걷어올려 살피고
샘골 머슴들 배 채운다

깊어 가는 동지섣달
새끼 꼬고 뒤주 멍석에 매달려
한시름 놓고 잠 못 이룰 제
여우야 노래나 하려무나
샛문 열고 들어서는
단자의 답장은
동동주에 술타령이 절로 난다.

사신 역사 불태우니
―동신제

해 늙은 골목
하 많은 빔냇돌 쌓이고
눈곱 끼는 오색천
백년나무에 걸치고
샘골 외진 골짜기 성황당(城隍堂)

돼지 코 벌렁거리고
가슴앓이 삭여 볼까
신령스런 정자나무 아래
도당굿, 별신굿, 강신입무(降神入巫) 모시는
참샘골 고개 너머 당산(堂山)
고수레로 잡귀 배 채우는 동신제(洞神祭)

상여 꼬투리에 귀신불
회오리 돌며 울어 대며 정자나무 신(神)
음란, 음집, 불길한 행위
천둥 번개로 몰아치고
짚으로 엮은 사신 역사 불태우니
골매기 서낭당님 마음 풀고
아장 묻은 아기 울음 그치는 산신당(山神堂).

소낙비 내리소서
―기우제(祈雨祭)

바람 부르고 물바람 기리니
삯달가지 모아
청솔가지 다발로 묶어
고래 태운 연기 올려
산신(山神), 천신(天神) 보이고

천신의 빗물이여, 눈물이여
우신(雨神)이 '괘씸한 지고' 성내풀이
목욕재계하고 선지피 뿌려 연기 올리니
무녀(巫女)의 가무(歌舞)도 홍겹게
사대문 오용제(五龍祭)에 마음 푸시고
바람 부소서, 소낙비 내리소서

노고단 능선 성제단(城祭壇) 따라
아녀자 치맛자락 보이니
하얀 구름 먹구름 저고리 되어
참고 참았던 고쟁이 사이 오줌
천신이 노(怒)하여
빗물로 씻어 내는 허신(虛神).

불놀이 불놀이야

—영월제(迎月祭)

석가래 드리우고
세모기둥 세우고
하늘 치솟는 솔캥이 그리고 애솔나무
달 따는 사다리 놓고
청솔가지 아름아름 쌓아 올리니

꽹과리 지질대고
장고 벅구 너울대고
여울마당 절로 저절로
두둥실 가슴에 안고 싶어
빙빙 강강수월래
빙빙빙 필봉농악꾼들

고닥산 날망에 빠알간 혀 내밀 때
마당굿, 꼽새춤, 풍물굿 하늘을 날고
연아 날아라, 불티야 올라라
불놀이 불놀이야
풍년가 불러 보자구나
홍타령이 절로 난다.

8장

—

하회별신굿 탑놀이 마당

내림굿
—강신

내림대에 쌍방울 달고
선달 그믐날 성황당에 올라
세차게 흔들어 대면
서낭당에 신을 맞이하고
쌍방울은 높이높이 날아
신(神)을 받는다
성황님의 신체가 되어
모든 광대들에게
탈을 나눠 주며 춤을 춘다
서낭대 머무는 곳에
내림굿 탈놀이가 시작되는구나
훨— 훨— 훨— 훨—
워— 워— 워— 워—

땡그렁 눈빛에
—초랭이

종 나부래기 신분에
옹니를 악물고
볼판대기 없이 삐뚤어진 주둥이
심술이 한 짐에 초랭이는 열 섬이라
마빡은 톡 튀어나오고
고집 불통에 땡그렁 눈빛이
작은 코빼기에 성깔은 초급하니
촐싹대는 그놈의 갓머리
언제나 심통이 너덜너덜
아마도 양반 못되어 한(恨)이로구나.

각시가 무동을 타고
—각시탈

성황님의 현신으로 나타나
동네 어귀에 놀이꾼들 모여 놓고
각시탈 무동 태워 시집살이 한(恨)을 풀어 보네
말 못하고 속으로 삭이는 그 모습
덜렁거리는 머리채는
성황신께 공물을 바치는 형상이고
덕과 복을 받으려는 신성한 기원이니
천근 만근 입 다물고
수줍은 듯 내려뜬 요염한 눈빛
시어미 목청 소리 듣지 말라
삼단 머리 꼬고 꼬아서 틀어막고
마을의 덕과 복 기원하고
가정에 속내평으로 풍농을 즐기누나.

순박한 언청이 춤
—이매탈

사악한 잡귀를 탈판으로 씻어 내고
호랑이 머리 용트림으로 한마당 놀고 나면
암수 주지춤은 꿩머리에 사자춤이라
다 늙어 턱은 없고 합죽이가 되어
바보 같지만 너무나도 순박한
언청이 모습에 실눈을 뜨고
침을 질질 흘리면서 수수하게 웃어 대는
액풀이 마당에 이매탈은 절로 홍이 난다.

베틀놀이 한타령
—할미탈

고추 당초 맵다던 시집살이에
한평생 땟물이 가실 날 없고
허기진 배 허리 졸라매고
등골은 구부정정 눈은 푹 들어가고
베틀에 올라 신세타령하누나
권세만 부리던 남편 목소리
눈꼬리 매섭던 시어머니 구박
한도 끝도 없는 일에 파묻혀 살다가
이렇게 다 늙어 가니 세월이 야속하다
오늘도 가슴 열어 놓고 한(恨)풀이하누나.

우랑만 먹는 양반네들
—백정탈

심술궂은 얼굴에
얌체족은 피라미 갓을 쓰고
이리 뛰고 저리 뛰고 널뛰다가
백정 놀이 한 바탕 어울리면
황소 정수리를 도끼로 내리치면
힘없이 쓰러져 간 누렁이
거시기를 흔들며 물을 찍찍 싸던
흥분된 그때의 그 열기는 식어 가고
백정은 염통과 우랑을 떼어
양반에게 팔아 정력제라 환장을 하고
농민들의 비웃음에 백정들이 놀아난다.

떠돌이 중놈의 속셈은
―중탈

떠돌아다니는 중놈이
아낙네 소피 보는 것을 엿보다가
못내 참지 못하고
아낙과 한마당 어울리고
능청스런 어울림에 눈초리 내리고
둘이서 하나 되어 놀다가
초랭이에게 들키고 마는
초승달처럼 생긴 떠돌이 중놈의 행색이
승려들의 갈등으로
오늘의 풍자 놀이로 한마당 놀아나누나.

허풍과 여유로움의 싸움
—양반과 선비탈

허풍과 여유로움에 두 얼굴의 탈바가지
냉수 마시고 이빨 쑤시는 허풍
고개 숙이면 합죽이 여유로움
고개를 들면 헤픈 웃음에 푼수 놀이
기녀를 서로 탐내다가
서로가 기세를 부리는데
학식과 신분 싸움이라
백정으로부터 우랑을 사 먹고
기녀에게 힘을 뽐내는 합죽이와 푼수
마누라한테 들켜서 코가 빨갛토록
밀고 당기면서 춤으로 한 마당 어울려 본다.

절세 미인의 웃음소리
—부네탈

은한은 삼경인 제
각시 옷고름 풀어 젖히고
온 세상 미녀들이
성황신의 노여움을 풀어 주고
좀 더 풍요롭게 살기를 기원하네

갸름한 얼굴, 양귀비 향기 속에
반달 같은 아미 눈썹
오똑한 코
앵두 같은 입술
아, 절세 미인의 상이라
양반의 소첩이 되어, 기녀가 되어
웃음으로 사로잡는
한바탕의 춤, 한마당 어울림이어라.

9장

탈 속에 살아가는 인생살이 놀이마당

시집살이 각시탈
—무등 마당

돌담 쌓아 울타리 드리운
양철 지붕에
백색, 파랑색 너울 이마에 질끈 동여매고
광대머리 흠융이라
성왕님의 태평성대라
오늘도 곡물 받쳐 복 빌고
동네 안녕으로 풍년놀이 시작되니
댕기머리 바람에 흔들흔들
시집살이 삼 년 만에
가슴앓이 되어
각시탈이 되어 살아가노라.

액풀이 이매탈

—주지 마당

잡귀와 사악을 몰아내고
호랑이를 잡아먹는 귀신
몸은 용이요, 머리는 호랑이라
귀신 되어 주지 마당 풀어내니
장끼와 까투리 싸움에
사자는 춤을 너울너울
주지 마당의 주인은 언챙이라
남녀 간에 실눈 뜨고
바보스런 여인네의 이매탈 보고
수컷들이 마당 주인 놀이에
오늘도 사랑싸움에 신명이 난다.

실성한 웃음에 백정탈

—백정 마당

고귀한 생명도 한 방에
소머리 정수리는 멍들고
큰 칼 휘 저어
순식간에 오장육부 갈러내니
염통과 우랑은 눈 깜짝할 새
어느 한량 정력제인가
어떤 년 치마 속으로 꼴깍했는가
백정탈 쓰고 벼슬아치 행위인가
험악한 얼굴에
비뚤린 이마에
백정네들 놀이판이라
실성한 웃음에 서슬이 돋는데
쇠도끼는 춤을 추고
우랑 먹고 활개치며
놀아나는 백정네들.

합죽이 할미탈
—할미 마당

쪽박은 허리에 덜렁덜렁
삼베 치마는 팔랑팔랑
베를 짜는 아낙의 신세타령에
길 가던 나그네 홍타령에
힘도 못 쓴 서방놈은
밤이나 낮이나 계집질이라
애새끼 줄줄이고
주정뱅이 그 신세에
색에 골아 눈은 푹 들어가고
합죽이에 우굴쭈굴한 할미
마당놀이에 한을 풀고
합죽이 노랫소리에
할미 마당 불꽃이 피어난다.

떠돌이 때깨중탈

—파계승 마당

땡볕 불볕에 열두 대문 문간에
땡땡이 중 서성이면
아녀자들 눈빛에 흘려
때때중 속셈이 엿보이니

세상 사람들
바람아 날 살려라 달밤아 날 가려다오
초랭이 엿보고 치맛자락 펄럭이며
떠돌이 때깨중 가슴 열어 놓으니
능청스런 내숭에 아녀자 가슴에 안겨
초승달 초랭이, 둥근달 때깨중놈
호색 놀이에 취해 홀랑 벗고 살아간다.

허풍이 양반탈

—양반 마당

양반과 선비 변강쇠 되어
부녀자 하나 놓고 한바탕 놀아 본다

서로 어울리어 춤마당 놀이 시작되니
양반이라 남몰래 백정네 우랑 먹고
선비랍시고 용궁 자라탕 먹고
허풍에 꼴갑 떨고 속내 보이니

세월아, 인생아 늙어 가는 줄 모르나
깊어 가는 밤에 치맛자락 잡고
애간장을 녹이는 허풍이들
놀아라, 웃어라 백정네들 비웃음 속에.

주둥이 내민 선비탈
—선비 마당

해가 넘나들고 달이 천지를 밝혀도
세상사가 불만으로 꽉 찬 얼굴들
선비랍시고 거만이 하늘을 찌르니
걸음은 장성이요
어깨는 천지를 누르니
누가 봐도 신통방통이라
관골이 툭 튀어나온 것도
선비의 탈이려니
속 비고 겉치레에 으시대는 모양새
우거지상에 대꼬챙이로구다.

코 크고 입 큰 혼례탈

—혼인 마당

산 넘고 물 건너 천리 길
해가 빨랫줄에 걸려 있을 때
신부 집 마당에 차일 치고 멍석 깔고
청사초롱 드리우고 혼례식을 하노라면
상투 갓쟁이 큰기침에
남몰래 혼례탈 씌워
코 큰 신랑 부르고
입 큰 신부 불러내 재배하니
벌써 초야에 초롱불 꺼지고
아야야, 어고야 우리 딸 죽어 가네
얼레리꼴레리 어찌할꼬
천 년 만 년 살다 보면
하늘과 땅이 되어
천지개벽 웃음꽃이라네.

소첩 기생 부네탈

—동네 마당

낮달은 두둥실 떠 있는데
헐레 벗은 옷자락에
눈 꼬리치는 어설픈 기생아
갸름한 얼굴에 연지 곤지 쳐바르고
반달 같은 눈썹에 앵두 같은 입술에
몸매는 간들간들 휘늘어진 부네탈
성황신 안방에 모셔 두고
밤이나 낮이나 동네 마당 돌고 돌아
양반네 소첩으로
백 섬지기 백정 놈의 소실로
늘상 사랑놀이에 삐꾸만 하고
웃음 팔아 하룻밤
몸매 팔아 살아가는 한평생이여.

10장

현대판 농가월령가(農家月令歌)

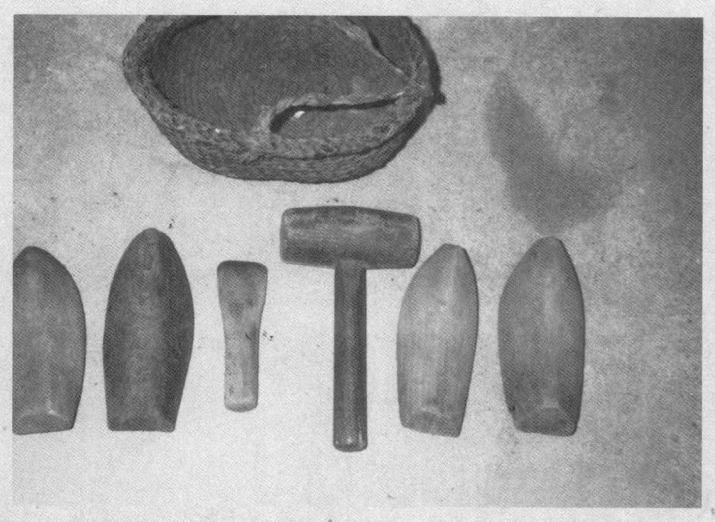

정월—낮이면 이엉 엮고 밤이면 새끼 꼬아
—입춘 · 우수

정월은 맹춘이라 산새에 빙설이 남았으니
어와 성은이 망극하와 농민을 중히 여기시어
산전수답(山田水畓) 상반(相半)되어 힘이 되니
일 년 계획은 농기(農器)와 농우(農牛) 다스림이라

낮이면 이엉 엮고 밤이면 새끼 꼬아 지붕 다독이어
배불리어 사내놈은 연 띄우고 계집아이 널뛰기요
오신채(五辛菜) 부러워 말고 묵은 산채(山菜) 삶아 내니
귀 밝이는 약술이라 썩은 이 있거들랑 생률(生栗)이라

먼저 불러 '네 더위 내 더위 맞 더위' 더위팔기
대추나무 가지 사이 돌 끼우고 아들딸 방울방울
정초에 세배 풍속 설빔에 가래떡이 한 해 농사려니
남녀노소 달맞이 횃불 켜고 마을 농풍(農豊) 빌어 보소.

이월—명화 되기 전에 다래향 맛보고

—경칩 · 춘분

반갑다 봄바람이 의구(依舊)이 문을 여니
말랐던 풀뿌리 속잎이 맹동(萌動)하고
개구리 우는 곳에 눈물이 흘러 강이 되나니
좀생이는 풍흉을 안다 하여 님의 가슴에서 놀아난다

구구 소리 나니 버들 빛이 뫼 빛이 되어
쟁기 손질 챙겨 놓고 씨앗 뿌릴 차례 되는 날
살진 밭 가리어서 봄보리 많이 갈이 덮으니
명화 되기 전에 다래향이 입안을 적시누나

솔가지 찍어다가 대나무 울대 엮어 울타리 단장하니
일분에 과목이요, 이분은 뽕나무 잘 가꾸어 당사실 낳고
달래김치에 고들빼기, 씀바귀에 물쑥 위(胃)를 지키니
산채 나물은 약채 되어 촌가에 보배로 살아간다.

삼월—쌍 제비 옛집 찾아오고
—청명 · 한식

만물이 화창하니, 백화는 난만하고 초목이 화전이라
쌍 제비 옛집 찾아와 처마 밑에 보금자리 찾아 만들고
꽃잎 사이 호랑나비 분분이 날고 종달이 지지배배 노래하는데
백양나무 잎새 나니 성묘길 한창인데 주과(酒果)로 인사한다

가래질 농경 생활에 허리가 노근노근 타오르고
마당 멍석에 동네잔치라 일꾼네 식솔들 다 모여
샛밥 걸이에 배불리고 울 너머 밥그릇 넘어가니
보름달 논배미가 반달 되어 샘골 마을에 웃고 있구나

모내기 끝나가니 밭농사 고랑과 이랑 사이 물 고이고
들깨 모 일찍 붓고 삼농사도 어절씨구 좋은 씨 모아
보리밭 두레 모아 한나절에 퍼덕 매김질하고 나니
채소밭에 한여름의 싱그러운 반찬으로 서방님 생기 돋네.

사월—종달이 보리밭 사이에서 울고
—입하 · 소만

떡갈잎에 빗방울 그치니 청명한 햇살에 무지개 뜨고
뻐꾹새 좌우로 날고 종다리 보리밭 사이에서 울 제
누에는 사근사근 잠들고 남녀노소 농사일에 쉴 새 없고
무명꽃 피워 천필만필 길삼 내어 시집 장가 가노매라

수수 동부 녹두 참깨 열 두륙 베어 보소 속 적다 말 마소
무논 두지 말고 이른 올기 쌀 입맛 나게 한 가마 추수하세
뽕 따는 아이들아 묵은 가지 제치고 햇잎 나무 보호하여
누에 잠방 자랄 때 찔레꽃 만발하면 새 벌통 늘려 보자구나

초파일에 등불 올리고 산촌에 느티떡 콩 찌는 내음이 별미로다
앞 냇가에 물이 넘치고 소슬한 바람 불 때 천렵이 제격이라
맑은 물이 굽이굽이 꽃잎을 띄우며 흘러가니 봄빛이 아름다워
벗님네 한 잔 술에 팔도 진미 맛보며 세상 소리 홍타령으로 듣는다.

오월—앵두 석류 벙글어 찬연한 봄빛이라

—망종 · 하지

고향 바람 불어오니 보리가 영글어 가고 땡볕에 콩알이 튀어
선듯한 낫으로 날랑 베어다가 마당에 늘려 도리깨질이라
목동아 놀지 말고 구정물 소 먹이고 보릿집 실어 나르니
누에 섶도 정리하고 고추나무 장만하여 색색이 늘려 보세

누에고치 아사 내어 당사실 만들어 서방님 바지저고리 만들고
앵두 석류 벙글어질 때 아침 햇살 눈부시어 찬연한 봄빛이라
향촌의 아낙네들 그네뛰기 날로 하니 창포 비녀에 떨잠이 잠자고
하늘에서 내린 비를 그 누가 막으리오 청아한 날씨 보는도다

관솔불 켜지 말고 끈 없는 달 둘러앉아 내일 농사 걱정하노니
도롱이는 몇 벌이고 삿갓은 몇 개인가 모내기 논 삶기 나눠 가며
담배 모는 머슴이요, 가지 고추 모는 아기 다려 하랍시고
아기 엄마 방아 찧어 놉꾼들 새참에 흙 털며 격양가가 절로 난다.

유월—청풍이 불어오는 원두막에 앉아
—소서 · 대서

초목이 무성하여 푸르른 저수지는 금빛살로 고요한데
보리타작 시작되고 기장 베어다가 타작마당 정하고
숨 쉴 틈 없이 일을 하니 천신만고 끝에 하루 일이라
때 마침 나물 겉절이 함박에 휘휘 저어 배를 채우노라

정자나무 밑 모종에 모여 보리단술에 취하는 줄 모르노라
청풍에 잠이 솔솔, 머슴들 잠든 얼굴 천하태평이라
청태콩, 귀눈이 콩 다 익어 가니 양식 걱정하지 마소
아침 이슬 사르르 젖은 시간 텃밭에 오이가 익어 간다

원두막에 앉아 밀 갈아 국수 먹고 산길 따라 벌초하세
호박나물, 가지김치, 새 맛보고 장독에 간장독 열어 놓아
소낙비 올가 보냐 장독 뚜껑 살피고 남촌, 북촌 향 바꿔 절하고
불 달구어 삼 익혀 삼베로 두루마기 만들어 서방님 자태나 보세.

칠월—견우직녀 이별의 눈물이 빗물 되고
—입추 · 처서

서늘한 바람 손 끝동에 불어올 제 늦더위 있을 손가
자연의 질서 누가 막던가 공중 나는 매미도 없도다
칠석에 견우직녀 이별의 눈물이 오동 잎에 떨어지네
아미 같은 초승달 처량하게 두둥실 세월 재촉하는구나

석양의 해 짧아지니 멀다 말고 천지 전답 김매기 고루하고
모 포기 사이 피 걸러내며 낫 갈아 두렁 깎기 뫼똥에 벌초하기
잡초 모아 거름 쌓고 뒤엄자리 넓어지니 새 농사는 늘어나고
뙈기 만들어 새 쫓아내고 김장할 무우, 배추 남 먼저 심어 보자

앞마당 울타리 밑에 베짱이 우는 소리 곡식도 거풍이로구나
명주 오리 거들러 찬바람 불기 전에 부모님 도포자락 살펴보리
남은 빨래 발해하고 풀먹여 다듬이소리 담 넘어가는구나
어허라, 외가지 짜게 절여 겨울나기에 소쩍새 울음소리 들어라.

팔월—오곡백과가 익어 가는 능금빛 웃음
—백로 · 추분

가을이 다가오니 귀뚜라미 맑은 소리 마루 밑에서 울고
아침에 안개 끼고 저녁에는 이슬에 젖어 오곡백과가 익어 가고
산호 같은 고추 다래, 백설 같은 면화 송이, 머루 다래 산과로다
뒷동산 알밤, 뒷골 누렁이 배, 젓조기로 중추절을 맞이하세

참깨 들깨 마당에서 타작하고, 담배 줄 엮어 장터 넘기나니
새 술에 송편이라 취나물, 산채나물 함박으로 두럭치기 하다 보면
북어쾌로 선산에 제물하고 보름달 보며 추석 명절 쇠어 보세
며늘아기 본집 근친 갈 제 쇠고기 뒷다리, 떡고리에 청주 술이라

초록 장속 옷 반물치마 다시 보며 한여름에 지친 얼굴 단장하고
금년 일 다해 놓고 중추절 밝은 달에 마음 놓고 놀다 오소
밀대 베어 해 갈이에 이모작 농사지어 추경농사 짓노매라
하늘의 뜻인 것을 보아라, 천지 사이 농부의 힘 만석꾼이 되리라.

구월—물색은 좋다만은 추수하니 새순 돋누나
—한로 · 상강

제비는 돌아오고 기러기 언제 왔는가 창공에 우는 소리
만산홍엽은 연지로 물들고 울 밑의 황국화는 가을의 주인
구월 구일 가절이라 화전으로 천신하니 철따라 가는 세월
물색은 좋다만은 추수되니 무논 전답에 새순을 두드려라

오늘은 정은벼요, 내일은 사발벼라 들에는 조피이고
오늘도 마당에 널린 매눈이 콩 황푸대를 이삭으로 담아
젊은이는 태질이요, 아이는 소몰이고, 계집은 낫질이라
늙은이는 섬 돌리기 풍성하니 씨앗 우는 소리 요란하구나

기름틀 놓고 이웃끼리 등유도 하려니와 음식 향응 나누고
밤에는 방아 찧어 밥쌀을 장만할 제, 찬 서리 긴긴 밤에
타작 야식 준비할까 황계백죽 부족할까 배추 잎 무나물이라
가마솥에 앉힌 밥이 태반이나 부족해도 과객도 청하려무나.

시월—제삿날 손꼽아 단자까지 챙겨 보렴
—입동 · 소설

나뭇잎 떨어지고 고니 소리 높이 날 제, 김장 양념 모아 주고
젓국에 장아찌라 독 곁에 중두리요 바탕이 항아리라
짚에 싸 깊이 묻고 얼지 않게 간수하여 한해 맛 농사로다
외양간에 거적 치고 창호지로 쥐구멍, 수숫대로 발 엮어 보세

우리 집 부녀들아 겨울 옷 지었느냐, 술도 떡도 빚었느냐
강신 날 다가오고 제삿날 손꼽아서 단자까지 챙겨 보렴
메밀 앗아 국수하고 소 잡고 돼지 잡으니 음식이 풍비하구나
동네 마당에 차일 치고 동네 아낙, 아이 없이 모아 접대하리

이풍헌, 김첨지 잔말 끝에 취중이라 동네가 무상하니
북 치고 피리 부니 최 대감, 정사리 제멋에 춤을 춘다
여민동락 지쳐지니 동장님 잔 받고 천은이 망극하외다
풍년 만나 어와 놀이에 동헌이 없을 소냐 효제충신 나온다.

십일월—베틀에 물레 소리 밤 깊은 줄 모르나
—대설 · 동지

가을 추수 몇 섬인가 세금은, 제수용은, 씨앗은 몇 섬인가
토지세도 갚고 나니 농량에 짜투리라 조반석죽이 다행이다
부녀자들이여, 그대들의 할 일이 남았구려, 동지는 명월이라
메주 익게 삶아 매우 찧어 띄워서 하루 빛이 천량이라네

계절에 맞는 동지팥죽 쑤어 동서남북 기둥뿌리에 뿌리며
조앙님께 비나이다, 신령님께 비나이다, 빌고 또 빌어 가며
내년 절후 어떠한고, 책력을 반포하니 천지신명 길하도다
해 짧아 덧없고 밤일이 지리하여 공채 사채 관리 대질한다

싸릿문을 닫았으니 집안이 한가하다 길쌈내기 힘써 하소
베틀 곁에 물레 놓고 틀고, 짜고, 잣고, 타고 셈해 보세
외양간 소를 거두어 내년 농사에 두엄자리 살펴보고
긴긴밤에 서당에서 글 읽는 소리 안방에서 아기 웃는 소리구나.

십이월—풍년이라 소쩍새 울고
—소한 · 대한

눈 쌓인 서산마루의 노을빛은 찬연하기도 하는데
청송에 눈꽃은 그대 가신 님 머리맡에 꽂아나 볼 걸
한 해 농사 섬으로 들여 놓고 떡살에 콩 두부 갈아 두니
세육은 모임에서, 북어는 장에서, 그물로 잡은 꿩, 참새로다

뒤뜰 돌 틈에서 샘물 나고, 깨강정 콩강정 곶감 대추 생물이라
앞집 뒷집에서 떡치는 소리 절로 나고 처마에 장등 걸어 놓고
초롱불 오락가락 묵은세배하는구나 집집마다 명랑도 하다
어와 내 말 듣소, 한해 농사 풍년이라 소쩍새가 먼저 운다

태평성대 뉘 아니 좋을 씨고, 사회봉사, 도농 간에 협력하세
형제 처자 혼상 대사 만사형통하니, 먹고 입고 쓰는 것이로다
토지 소출 안 하면 누가 농사지으리오, 예로부터 농업이 근본이니라
칠분은 풍년이요, 삼분은 흉년이라 황천이 인자하사 농업에 전심하소.